Sebastian Grond

Planung und Optimierung in der Fließfertigung

Das Line Balancing Problem

GRIN - Verlag für akademische Texte

Der GRIN Verlag mit Sitz in München hat sich seit der Gründung im Jahr 1998 auf die Veröffentlichung akademischer Texte spezialisiert.

Die Verlagswebseite www.grin.com ist für Studenten, Hochschullehrer und andere Akademiker die ideale Plattform, ihre Fachtexte, Studienarbeiten, Abschlussarbeiten oder Dissertationen einem breiten Publikum zu präsentieren.

Sebastian Grond

Planung und Optimierung in der Fließfertigung

Das Line Balancing Problem

GRIN Verlag

Bibliografische Information der Deutschen Nationalbibliothek: Die Deutsche Bibliothek
verzeichnet diese Publikation in der Deutschen Nationalbibliografie; detaillierte bibliografische Daten sind im Internet über http://dnb.d-nb.de/ abrufbar.

1. Auflage 2008
Copyright © 2008 GRIN Verlag
http://www.grin.com/
Druck und Bindung: Books on Demand GmbH, Norderstedt Germany
ISBN 978-3-640-17909-1

Planung und Optimierung in der Fließfertigung

Das Line Balancing Problem

erstellt von:
Sebastian Grond

Seminararbeit

für:

Hochschule Furtwangen University
Wirtschaftsinformatik
Logistik und Supply Chain Management
SS 2008

Abstract

Die Massenproduktion existiert bereits seit über 100 Jahren, mathematisch formulierte Optimierungsansätze dagegen erst durch Salveson seit 1955. Auch heute noch klafft eine große Kluft zwischen Theorie und Praxis. Nur selten wurden tatsächlich wissenschaftliche Methoden bei der Implementierung von Fertigungsanlagen verwendet.[1] Diese Arbeit soll hierbei nun eine kleine Einführung in die Fertigungsoptimierung, im Speziellen die Fließbandabstimmung oder das *assembly line balancing* bieten. Es wird deren Wichtigkeit anhand einer kleinen geschichtlichen Einführung über Henry Ford und seinem enormen Erfolg sowie seines Einflusses auf die Produktionsverhältnisse der Neuzeit geschildert. Daraufhin wird die Fließfertigung selbst, als auch deren Charakteristika näher erläutert. Ebenso werden die wichtigsten, aktuell in der Literatur auffindbaren Erscheinungsformen kurz angerissen und erläutert. Daraufhin wird speziell das *assembly line balancing* betrachtet, sowie dessen Aufbau und Bedeutung näher beleuchtet. Auch werden Algorithmen und weitere Verfahren zur Optimierung aufgezeigt und einige der vielen möglichen Problemstellungen des so genannten *line balancing problems* diskutiert. Hierfür wird eine Klassifizierung nach Boysen et al. zur Hilfe genommen, welche bei der genaueren Beleuchtung einiger spezieller Fließbandabstimmungsprobleme angewandt wird.

---

[1] Vgl. (Boysen 2006, S. 1)

Inhaltsverzeichnis

Abstract II

Inhaltsverzeichnis IV

Abbildungsverzeichnis V

Tabellenverzeichnis VI

Abkürzungsverzeichnis VII

1   Einleitung 1

2   Fließfertigung 2

   2.1   Die Anfänge 2

   2.2   Merkmale und Aufbau 3

   2.3   Einordnung und Abgrenzung 4

3   Fließbandabstimmung 6

   3.1   Aufbau 6

   3.2   Aufgabe und Ziel 8

   3.3   Lösungsverfahren 8

   3.4   Klassifizierung 9

      3.4.1   Einproduktfertigung 10

      3.4.2   Variantenfertigung 11

      3.4.3   Mehrproduktfertigung 11

4   Zusammenfassung und Ausblick 13

Literaturverzeichnis 14

Anhang A 15

Anhang B 16

Abbildungsverzeichnis

Abbildung 1: Stückliste eines Kugelschreibers 6

Abbildung 2: Netzplan der Arbeitsvorgänge aus Tabelle 1 1

Abbildung 3: Trial&Error-Lösungsvorschlag 1 16

Abbildung 4: Trial&Error-Lösungsvorschlag 2..16

Tabellenverzeichnis

Tabelle 1: Zuordnung der einzelnen Arbeitsschritte 7

Tabelle 2: Das Klassifikationsschema nach Boysen et al. 15

Abkürzungsverzeichnis

ACO	-	ant colony optimization
ALB	-	assembly line balancing
B&B	-	branch and bound
GA	-	genetic algorithm
SALBP	-	simple assembly line balancing problem
SALBP-1	-	simple assembly line balancing problem
SALBP-2	-	simple assembly line balancing problem

1 Einleitung

Aufgrund des global stetig wachsenden Konkurrenzkampfes innerhalb der produzierenden Industrie, der stetigen Neuentwicklung von Produkten, der nicht enden wollenden Nachfrage nach individualisierten Gütern in wiederum verschiedensten Ausführungen und des, die gerade genannten Vorgänge unaufhörlich antreibenden Werbeaufwandes, werden weltweit alle Unternehmen zur immer besseren Planung einer kosteneffizienteren Produktion ihrer Güter gezwungen. Während Anfang des 20. Jahrhunderts die Ford Motor Company die Wiege der Massenproduktion darstellte und ein einzelnes Produkt in nie gekannten Kapazitäten produzieren konnte, stellt dagegen heute die Nachfrage nach individualisierten Produkten die Industrie vor neue Probleme. So resultiert der Produktkatalog von BMW in theoretisch 10^{23} verschiedenen Modellen[2], was ohne optimierte Fertigungsvorgänge auf dem Markt nicht konkurrenzfähig wäre. Daher ist Kreativität bei der Neugestaltung, Umstellung und / oder Erweiterung von Fertigungsplätzen nötig. Bloßes *Cut&Copy* führt nur noch selten zu akzeptablen Ergebnissen. So muss eine möglichst exakte Layoutplanung für die räumliche Aufteilung der Produktionsanlagen erzielt werden, da spätere Korrekturen bei dem hohen notwendigen Investitionsaufwand nahezu unmöglich sind. Daraufhin gilt es die Prozessabläufe genau auszubalancieren und damit die Fertigung in bestmöglicher Kosteneffizienz zu gewährleisten.[3] Dies zeigt die enorme Wichtigkeit der genauen Planung und Optimierung des Fertigungsprozesses. Die Installation hat lang- und mittelfristigen Charakter, während die Prozessgestaltung bis auf die operative Ebene von hoher Bedeutung ist. Das trifft besonders auf vielfältige Produktreihen zu, welche dieselbe Fertigungsanlage durchlaufen. Je nach Produkt- bzw. Auftragsplan ergeben sich nahezu unendlich viele Möglichkeiten der Fertigungsoptimierung.

Doch besteht derzeit eine enorme Kluft zwischen Theorie und Praxis. Denn nur wenige Unternehmen nutzen veröffentlichte Techniken der Fertigungsoptimierung aufgrund ihres substantiellen Informationsdefizites.[4] Doch bestimmt hier gerade wieder die Automobilbranche eine Vorreiterolle. Daimler erzielte mit besser abgestimmten Arbeitsschritten und einer optimalen Bestimmung von Taktzeiten nach Vorbild des Brachenprimus Toyota in den vergangen beiden Jahren bereits eine Effizienzsteigerung von 20% bei der Produktion seiner S-Klasse - weitere 10% sind geplant.[5] Es lässt sich also vermuten, dass die Zukunft der individuellen Massenproduktion (*Mass Customization*) genau in der Branche zu finden ist, wo auch die Massenproduktion von Einzelprodukten vor 100 Jahren eine Produktionsrevolution auslöste.

---

[2] Vgl. (Boysen 2006, S. 1)
[3] Vgl. (Günther 2003, S. 81)
[4] Vgl. (Rekiek 2006, S. 8)
[5] Vgl. (Hawranek 2008, 76)

2 Fließfertigung

2.1 Die Anfänge

Henry Ford war versucht, sein erstmals 1908 eingeführtes *Model T* so simpel wie nur möglich zu halten. [6] Es bestand aus lediglich vier Konstruktionseinheiten: Die Motoreneinheit, das Chassis, die Frontachse und die Hinterachse. [7] Für Ford waren folgende Attribute ausschlaggebend: Absolute Zuverlässigkeit, geringes Gewicht, hohe Materialqualität, gute Steuereigenschaften, eine gerade ausreichende Leistung und eine extrem einfache Bedienung [8]. Dies stellte ein absolutes Novum für damalige Verhältnisse dar, da das Automobil bis dato als purer Luxusgegenstand galt und die eigentlich damit verbundenen Eigenschaften, wie edles Design, hohen Komfort und verschwenderische Leistung inne haben sollte. Doch Fords Hauptaugenmerk lag nicht auf den von den Händlern so um umschwärmten 5% der Käuferschicht, welche sich lediglich durch spezielle Designwünsche hervorhoben. Sondern sein Ziel waren die restlichen 95%, welche sich ein Auto zulegten und das ohne besondere Extrawünsche. [9] Ford bedachte die zuverlässige Funktionstüchtigkeit seiner Autos mit der höchsten Priorität und ignorierte jegliche persönlichen Designwünsche. Daher verkündete er 1909, dass die Ford Motor Company nur noch lediglich ein Modell produzieren würde und das auch nur noch in einer einzigen Ausführung – das *Model T*:

„Any customer can have a car painted any colour that he wants so long as it is black." [10]

Damit begann für die Autoindustrie, wenn nicht gar für die Industrie als Ganzes, eine neue Ära. Denn nicht das *Model T* selbst war der große Durchbruch, sondern die von Ford nun eingeführte Produktionsform war die eigentliche Revolution. Fords Aktionäre reagierten sehr misstrauisch, als die Autoproduktion um 1905 100 Einheiten pro Tag erreichte, Ford dagegen reagierte mit der damals visionären Aussage, sogar eintausend Einheiten pro Tag produzieren zu wollen. [11] Bis 1911 vervielfachten sich dagegen die Verkaufszahlen und es wurden immer mehr Produktionsflächen hinzugekauft. Mit den gestiegenen Absatzzahlen sank der Verkaufspreis rapide, was wiederum eine immer breitere Käuferschicht ansprach – die Massenproduktion war bei einer bis dato ungeahnten Qualität angekommen. Jene ermöglichte mit Hilfe der spezialisierten Arbeitsschritte, den eingesetzten Maschinen und der Fließbänder eine identische Qualität aller produzierten Güter bei gleichzeitig geringen Anforderungen an das Personal. 1913 wurde in einer Fabrik der Ford Motor Company die

---

[6] Es wurden damals 8 weitere Modelle produziert: *A, B, C, F, N, R, S* und *K*. Das *Modell T* sollte die besten Eigenschaften seiner Vorgänger vereinen. Anfänglich wurde das *Model T* in den verschiedenen Chassis-Ausführungen *Town Car, Roadster, Coupé* und *Landaulet* gefertigt.
[7] Vgl. (Ford 2003, S. 95)
[8] Vgl. (Ford 2003, S. 94)
[9] Vgl. (Ford 2003, S. 96-97)
[10] (Ford 2003, S. 97)
[11] Vgl. (Ford 2003, S. 92)

erste Fließbandanlage getestet und damit der Grundstein für die Massenproduktion gelegt. Diese Entwicklung basierte auf drei von Ford formulierten Aussagen:[12]

- Die Werkzeuge, Maschinen und das Personal sollen so entlang der Fertigungssequenz positioniert sein, dass jede Fertigungskomponente die geringstmögliche Distanz zurücklegen

  muss.

- Es soll eine Fortbewegungsmöglichkeit für die Fertigungskomponenten direkt neben dem Bearbeiter vorhanden sein, damit die Komponente nach erfolgter Bearbeitung auf gleichem

  Wege zum nächsten Bearbeiter gelangen kann.

- Man solle die Fertigungskomponenten in angemessener Form auf dem Fließband gestaffelt verteilen, um eine optimale Distanz [in Abhängigkeit der benötigten Bearbeitungszeit]

  zwischen ihnen zu gewährleisten.

Diese drei Prinzipien sollten die notwendigen Überlegungen seitens des Personals auf ein Minimum reduzieren und zugleich die nötigen Bewegungsabläufe dessen maximal reduzieren. Als Optimum gab Ford an, dass ein Arbeiter nur eine einzige Tätigkeit ausführt und für diese nur mit eine einzigen Bewegung benötigt.[13]

2.2 Merkmale und Aufbau

Der gerade beschriebene historische Werdegang des Fertigungsprozesses, ist in der heutigen Produktion eine wichtige Produktionsform und wird allgemein als Fließfertigung bezeichnet. Fließstraßen, Transferstraßen oder Taktstraßen sind Alternativbezeichnung in der praktischen Umsetzung. Vorteile der Fließfertigung sind:[14][15]

- Geringe Durchlaufzeiten und Transportwege,

- optimale Arbeitsteilung und Kapazitätsauslastung

- geringe Personalanforderungen und damit verbundene Lohnkosten.

Dagegen lauten die Nachteile wie folgt:

- Aufgrund der teuren Fertigungsanlagen und Betriebsmittel ein hoher Investitionsaufwand und hohe Kapitalbindung,

- hohes Risiko bei Marktveränderungen aufgrund der Inflexibilität,

---

[12] Vgl. (Ford 2003, S. 102)
[13] Vgl. (Ford 2003, S. 102)
[14] Vgl. (Dürr 2002, S. 20)
[15] Vgl. (Domschke 1997, S. 7)

- hohe Personalspezialisierung und damit verbundene eintönige und demotivierende Arbeitszyklen und

- hoher Aufwand bei der Planung für Takten und Störungssicherheit.

Der Aufbau einer Fließfertigung besteht im klassischen Sinne aus einer Möglichkeit des automatisierten Transportes von Fertigungsteilen zwischen Produktiveinheiten (Betriebsmittel und / oder Arbeitskräfte), welchen spezielle Fertigungsprozesse zugeordnet sind.

2.3 Einordnung und Abgrenzung

Produktionsformen werden je nach Problemstellung in der Produktionsplanung nach folgenden Kriterien klassifiziert:[16]

(1) Mechanisierungsgrad:

Es wird zwischen manueller, mechanisierter und automatisierter Produktion unterschieden.

(2) Stufigkeit der Produktion:

Verläuft die Produktion ununterbrochen, so spricht man von einer einstufigen Produktion. Bei dieser wird ein Produktionsdurchgang oder werden unmittelbar aufeinander folgende Arbeitsvorgänge durch eine Produktiveinheit hergestellt. Weiterhin gibt es die mehrstufige Variation, bei welcher mit eventuellen Unterbrechungen oder sogar Zwischenlagerungen mehrere Produktiveinheiten durchlaufen werden.

(3) Marktbezug:

Hierbei wird die Auftragssituation der Produktion herangezogen. So existiert hierbei die Kundenauftragsfertigung, wenn für einen Kunden eine spezifische Sache gefertigt wird. Wenn für eine Produktion kein spezifischer Auftraggeber vorhanden ist, also für den anonymen Markt produziert wird, so spricht man von Marktfertigung oder Lagerfertigung. Eine Erstellung von Eigenleistungen dagegen beschreibt die Fertigung für den Eigengebrauch.

(4) Repetitionstyp:

Bei diesem Kriterium steht zu produzierende Gesamtmenge im Vordergrund. Es wird zwischen Massen- (Produktion in großer Stückzahl), Sorten- (Variantenfertigung, Produktion verschiedener Sorten), Serien- (Produktion in begrenzter Menge) o. Einzelfertigung (Produktion eines Einzelstückes) unterschieden.

(5) Anordnungstyp oder Organisationsform:

---

[16] Vgl. (Domschke 1997, S. 5f)

Dies entspricht der Organisationsform oder dem Organisationtyp der Fertigung. Sie ist abhängig von räumlichen Anordnung der Produktiveinheiten und den dadurch erforderlichen Transportprozessen. Die Fließfertigung stellt mit dem Fokus auf die räumliche Anordnung der Produktiveinheiten, sowie der zeitlichen Abfolge der Arbeitsvorgänge eine ablauforientierte und objektzentralisierte Produktionsform dar. Weiterhin gibt es die prozessorientierte Werkstattfertigung. Bei dieser werden die Arbeitskräfte und Betriebsmittel mit gleichartigen Verrichtungen zu Werkstätten zusammengefasst, also nach dem Verrichtungsprinzip angeordnet. Jeder Fertigungsauftrag muss je nach Bearbeitungsreihenfolge eine bestimmte Folge von Werkstätten passieren. Dabei kann es zu langen Transportzeiten zwischen den Werkstätten und möglichen wiederholten Durchläufen gleicher Werkstätten kommen.[17] Ein Beispiel hierfür ist beispielsweise die Raumaufteilung in einem Krankenhaus.[18] Die meist universell einsetzbaren Arbeitskräften und / oder Betriebsmitteln sind der Vorteil der Werkstattfertigung gegenüber der Fließfertigung. Allerdings hat dies erheblich größere Durchlauf- bzw. Taktzeiten zur Folge.[19] Außerdem existieren zahlreiche Hybridformen von Fließ- und Werkstattfertigung, wie das Bearbeitungszentrum (oder Zentrenfertigung), flexible Fertigungszellen, flexibles Fertigungssystem, flexible Transferstraßen oder Fließinselfertigung.[20][21] Auf diese soll hier allerdings nicht weiter eingegangen werden, da im weiteren Verlauf dieser Arbeit lediglich die Fließfertigung exemplarisch als Produktionsform herangezogen werden wird.

Im Weiteren wird außerdem zwischen zwei Arten der Fließfertigung unterschieden: Fließfertigung *mit* und *ohne* Zeitzwang. Bei letzterer werden die Arbeitsgänge unabhängig voneinander abgearbeitet; beispielsweise trifft dies auf die Fließinselfertigung zu. Hierbei sind Rückflüsse, wie auch das Überspringen von Produktionsstellen möglich. Auch können damit sogenannte Zwischen- oder Pufferlager nötig werden.[22] Dagegen gilt es bei der Fließfertigung mit Zeitzwang einen bestimmten Rhythmus, genannt Takt, bei dem Transport zwischen den Stationen und bei den Arbeitsgängen einzuhalten. Daher sind hierbei Rückflüsse und ein Überspringen von Produktionsstellen nicht möglich.[23]

---

[17] Vgl. (Pfohl, Logistiksysteme 2004, S. 197)
[18] Vgl. (Buffa 1987, S. 650ff)
[19] Vgl. (Pfohl, Logistikmanagement. Konzeption und Funktionen 2004, S. 152)
[20] Vgl. (Pfohl, Logistiksysteme 2004, S. 198f)
[21] Vgl. (Pfohl, Logistikmanagement. Konzeption und Funktionen 2004, S. 152f)
[22] (Günther 2003, S. 88)
[23] (Corsten 1999, S. 35)

3 Fließbandabstimmung

3.1 Aufbau

Bei der Fließbandabstimmung (*line balancing*) stehen nun die optimale Anordnung der Produktiveinheiten, der sogenannten Arbeitsstationen (*stations*) und die Zuordnung derer Aufgaben, entsprechend der Reihenfolge des jeweiligen Fertigungsprozesses nach bestimmten Vorgaben in Abhängigkeit von der Taktzeit (oder ggf. umgekehrt) im Vordergrund. Hierbei ist jeder Produktionsprozess eines Produktes in *n Arbeitsgänge* (*tasks*) zerlegbar. Diese bestehen aus Elementartätigkeiten oder aus einer bedingten, unmittelbaren Folge von Arbeitselementen und sind somit nicht weiter teilbar. Jeder *Arbeitsgang* hat eine spezifische Bearbeitungszeit t_i, wobei t_{sum} dabei die Summe aller dieser Bearbeitungszeiten bezeichnet. Weiterhin kann jeder Arbeitsgang durch bestimmte Reihenfolgebeziehungen ausgezeichnet werden. Diese bestimmten etwaig notwendige Vorgänger bzw. Nachfolger von *n*, welche beispielsweise anhand eines Netzplanes dargestellt werden können.[24]

Das folgende simple Beispiel eines Kugelschreibers soll diese Zusammenhänge verdeutlichen. So zeigt Abbildung 1 den Aufbau des Kugelschreibers und dessen Zerlegung in seine Einzelteile.

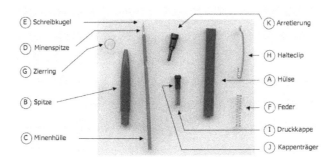

Abbildung 1: Stückliste eines Kugelschreibers[25]

---

[24] Vgl. (Domschke 1997, S. 181)
[25] (Siestrup. Vorlesungsskript ABWL. Kapitel 3.3, S. 12)

In Tabelle 1 werden die Einzelteile nun einzelnen Arbeitsvorgängen zugeordnet, mit deren jeweiligen Bearbeitungszeit t_j versehen und eventuelle Nachfolgerbeziehungen zugeordnet.

Task	Beschreibung	t_j in (s)	Nachfolger von
a	Schreibkugel mit Minenspitze verb.	4	
b	Minenspitze mit Minenhülle verbinden	3	a
c	Mine mit Feder verbinden	2	b
d	Druckkappe mit Kappenträger verb.	3	
e	Kappe mit Arretierung verbinden	3	d
f	Halteclip an Hülse befestigen	2	
g	Kappe in Hülse einführen	3	e
h	Spitze mit Zierring verbinden	1	
i	Mine incl. Feder in Spitze einführen	1	c, h
j	Spitze mit Hülse verbinden	2	f, g, i

Tabelle 1: Zuordnung der einzelnen Arbeitsschritte

Die Umsetzung dieses Beispiels anhand einer Netzplandarstellung bzw. eines Vorranggraphes ist in Abbildung 2 umgesetzt worden. Die tasks wurden durch Pfeilbeziehungen verbunden und die jeweilige Bearbeitungszeit wurde ebenfalls über den Arbeitsvorgängen angefügt.

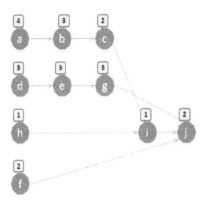

Abbildung 2: Netzplan der Arbeitsvorgänge aus Tabelle 1

3.2 Aufgabe und Ziel

Die Minimierung der Produktionskosten stellt die Hauptaufgabe der Fließbandabstimmung dar. Dies soll durch die Einhaltung folgender Punkte erreicht werden:

- Minimierung der Stationsanzahl

- Maximale Ausbeute pro Station

- minimierte Leerlaufzeiten

- minimierte Redundanzen

- minimierter administrativer Aufwand

- minimierter Sicherheitsbedarf

- Verzicht auf oder Minimierung von Zwischenlagern

- Maximierung des Outputs

Es wird also einer Grundregel der Marktwirtschaft gefolgt, mit minimalem Aufwand den maximalen Ertrag zu erzielen. Dies geschieht allerdings unter Berücksichtigung wichtiger (vorgegebener) äußerer Faktoren, wie beispielsweise der Sättigung des Marktes vom zu produzierenden Produkt, der Einhaltung bestimmter Taktzeiten bezüglich des Fertigungsprozesses oder auch der Nachfrage nach bestimmten Produktvariationen, welche in die Planung mit einfließen müssen.

3.3 Lösungsverfahren

Die erste Formalisierung eines Algorithmus bezüglich der Fließbandabstimmung geht auf Salveson 1955 zurück.[26] Dies erscheint sinnvoll, da selbst die einfachsten ALBPs NP-schwere (*Non-deterministic Polynomial-time hard*) Optimierungsprobleme darstellen. Bis dahin wurden die Abstimmungen ausschließlich über teure Testläufe (Vgl. Ford in Kap. 2.1), Schätzungen und/ oder einzelnen Berechnungen realisiert. Im Folgenden soll nun eine kleine Übersicht der vielfältigen möglichen Lösungsansätze inklusive einer kleinen trivialen Beispielrechnung gegeben werden. Heuristische Lösungsverfahren stellen naturbedingt die ältesten Ansätze dar. Nach dem trivialen *Trial&Error*-Prinzip kann das Beispiel aus Kapitel 3.1 nach einer minimalen Stationsanzahl untersucht werden. Hierfür würde sich bei einer vorgegebenen Zykluszeit von 9 Sekunden die Stationsmindestanzahl von 3 ergeben (24s Gesamtzeit / 9s Takt = 2,6). Die Zuordnung der Arbeitsvorgänge a, b und c zu Station 1, d, e, und f zu Station 2, f und h zu Station 3 und i und j zu Station 4 wäre eine mögliche erste Lösung (s. Abbildung 3 in Anhang B). Allerdings haben dabei die Stationen 3 und 4 jeweils eine Leerlaufzeit von 6 Sekunden und es wäre auch nicht die mögliche Mindestanzahl (drei)

---

[26] Vgl. (Boysen 2006, S. 1)

der Stationen erreicht. Durch iteratives Probieren würde man sehr schnell auf folgende Arbeitsgangzuordnung kommen: a, b und c zu Station 1, d, e, und f zu Station 2, f, h, i und j zu Station 3 und Station 4 kann somit eingespart werden (s. Abbildung 4 in Anhang B).

Als weitere und auch fundiertere Vorgehensweise lässt such u.a. die Prioritätsregeln nennen, bei welchen die jeweiligen Arbeitsgänge mit Prioritäten versehen werden und anhand dieser nach mehrmaliger Iteration und bestimmten *Tie-Break*-Regeln die Lösung gefunden werden kann.[27] *Tabu Search,* bei welcher mit einer sogenannten Tabu-Liste gearbeitet wird, gehört wiederum der Gruppe der lokalen Suchverfahren an. Aktuell viel diskutierte Algorithmen sind beispielsweise das Branch&Bound-Prinzip (B&B), der evolutionsorientierte Genetische Algorithmus (GA) und die *Ant-Colony*-Optimierung (ACO). Während sich ACO an dem allgemein bekannten Ameisenstraßenprinzip orientiert, d.h. dass die optimale Lösung durch seine geringste Durchlaufzeit am häufigsten benutzt und daher auch am häufigsten „markiert" wird, bedient sich der GA der Evolutionstheorien der ‚natürlichen Selektion' und des ‚Überlebens der Stärksten'.[28] Das B&B-Verfahren nutzt zur Lösungsfindung wiederum eine Kombination der Techniken der Verzweigung (*branch*), welche den iterativen Vorgang der Gliederung in Teilprobleme repräsentiert und der Schranken (*bound*), welche dynamisch gewisse Verzweigungspfade von vorneherein ausschließen können.[29]

3.4 Klassifizierung

Für die möglichst genaue Eingrenzung des zu lösenden Problems wurde ein umfangreiches Klassifikationsschema eingeführt.[30] Denn je nach spezifischen Charakteristika der gewünschten Produktfertigung, kann die Fließfertigung unterschiedliche Ausprägungen annehmen. Da diese Eigenschaften alle berücksichtigt werden müssen, sind die Kriterien entsprechend umfangreich. Natürlich ist zu bedenken, dass umso mehr Parameter einfließen und umso mehr die zu untersuchende Fertigungsart von der Standardeinproduktfließfertigung abweicht, desto schwieriger wird sich die Fließbandabstimmung gestalten. Jedoch stellt die Klassifizierung des ALBP nach Boysen et al. hierbei eine große Hilfestellung (s. Anhang A, Tabelle 2) dar. Diese bietet die bis heute größte Differenzierungsmöglichkeit in Bezug auf die genauen Eigenschaften der Problemstellung und damit auch eine genauere Eingrenzung als die ursprüngliche Klassifizierung nach den sogenannten Standardproblemen. Die Tabelle ist dreiteilig gegliedert, was sich auch in der daraus resultierenden Notation niederschlägt. Beispielsweise würde der auch in dieser Arbeit zitierte Artikel (Sabuncuoglu 2000) durch das dreigliedrige Tupel ALB [| | m SSL^{line}] beschrieben werden können. Während die ersten

---

[27] Vgl. (Domschke 1997, S. 197)
[28] Vgl. (Sabuncuoglu 2000, S. 2)
[29] Vgl. (Rekiek 2006, S. 60)
[30] Vgl. (Boysen 2006, S. 3ff)

beiden Glieder α (*precedence graph characteristics*) und β (*station and line characteristics*) leer bleiben (dies entspricht einer leeren Menge), da sich der Artikel in Bezug auf diese beiden Charakteristika nicht speziell äußert, ist γ (*objectives*) mit den Vorgaben einer minimalen Anzahl der Stationen (m) und einer linearen Glättung der Bearbeitungszeiten (SSL^{line}) näher definiert. Hierbei ist zu bemerken, dass offensichtlich mehrere Eigenschaften pro Tupelglied enthalten sein können. Dies ergibt sich aus dem jeweiligen Inhalt der Problemstellung oder der wissenschaftlichen Arbeit. Ebenso kann eine wissenschaftliche Arbeit auch für verschiedene Problemstellungen relevant sein, weswegen auch mehrere verschiedene Tupel zugeordnet werden können. So kann mit Hilfe der Klassifikationstabelle das genaue Bezeichnungstupel für das spezifische Problem gefunden werden und damit auf der extra hierfür eingerichteten Website[31] die zugehörige Literatur gesichtet werden. Alternativ kann auch die Suchfunktion (*classified search*) genutzt werden, um hier die individuellen Problemeigenschaften einzugeben und dadurch die gewünschten Literaturangaben zu erhalten. Des Weiteren bietet die Website zusätzlich die Möglichkeit, anhand der herkömmlichen Standardproblemeinteilung nach Literatur suchen zu können.

Im Folgenden soll nun exemplarisch die Anwendung des Klassifizierungssystems nach Boysen et al. anhand der Abhängigkeit von der Anzahl der Produkte der gewünschten ALB erläutert werden.

3.4.1 Einproduktfertigung

Falls es sich um die Herstellung von nur einem einzelnen Produkt handelt, spricht man von Einproduktfertigung (*single model assembly*). Die historische Entwicklung dieser „Urform" der Fließfertigung wurde bereits in Kapitel 2.1 genauer beleuchtet. Allerdings ist die Einproduktfertigung und die damit verbundene Variationslosigkeit heute kaum noch im Stande, einen profitablen Kundenstamm zu gewinnen.[32] Zur Einproduktfertigung gehört auch die als einfachste und allgemeinste aller Fließfertigungsformen bekannte Problemstellung, das sogenannte ‚klassische Model der Fließbandabstimmung' (*simple assembly line balancing problem* – SALBP), welches oft exemplarisch in der Literatur verwendet wird. Diesem Modell liegen folgende Annahmen bezüglich der Problemstellung zugrunde:[33]

- Anhand eines fest vorgegebenen Produktionsverfahrens wird ein homogenes Produkt in n Arbeitsgängen gefertigt,

- die Bearbeitungszeiten sind fest vorgegeben,

- ein Vorranggraph ist vorgegeben,

---

[31] http://www.assembly-line-balancing.de/; Stand: 07.06.2008
[32] Vgl. (Boysen 2006, S. 5)
[33] Vgl. (Domschke 1997, S. 189)

- alle Stationen sind seriell angeordnet, geschlossen, gleich ausgestattet (identisch) und besitzen die gleiche Taktzeit

- es liegt eine fixe Anstoßrate vor,

- es handelt sich um unbewegliche Werkstücke und es existieren keine Zuordnungsrestriktionen

Wie zu erkennen ist, sind hier alle Variablen bereits durch Vorgaben abgedeckt, weswegen für die Notation das leere Tupel ALB [| |] verwendet werden kann. Das α-Glied bleibt bei Einproduktfertigungsproblemen immer eine leere Menge.

Ableitungen des SALBP sind beispielsweise die Problemstellungen SALBP-1 und SALBP-2. Letztere gibt vor, dass bei gegebener Stationsanzahl die Taktzeit minimiert wird. Da dies nur ein objective darstellt, sieht das zugehörige Tupel wie folgt aus: ALB [| | c]. SALBP-1 (ALB [| | m]) sieht dagegen eine minimale Stationsanzahl bei gegebenen Takt vor.[34]

3.4.2 Variantenfertigung

Die Variantenfertigung (*mixed-model assembly*) ist die wohl verbreiteteste der drei möglichen Modelle. Es handelt sich hierbei um die Produktion eines Produktes in verschiedenen Ausführungen bzw. Varianten. Diese Form hat sich besonders in der Automobilindustrie etabliert und ermöglicht eine vielfältige Konfiguration des jeweiligen Automodells. Im Unterschied zur Mehrproduktfertigung sind die Umrüstzeiten der Betriebsmittel (normalerweise) vernachlässigbar. Dies ist beispielsweise aufgrund von Maschinen mit verschiedenen Aufsätzen für die jeweilige optionale Anpassung möglich. Allerdings liegt auch genau dabei die größte Herausforderung in der ALB bei der Variantenfertigung. Denn die verschiedenen ausführbaren Varianten desselben Arbeitsvorganges benötigen auch unterschiedliche Bearbeitungszeiten. Hierfür wird versucht, die möglichen Varianten so minimal wie möglich und den damit verbundenen Planungsaufwand in realistischen Dimensionen zu halten.[35] Eine weitere Möglichkeit bei einer zu großen Variantenvielfalt ist die Reduktion des Fokus der *forecasts* auf Modelle mit bestimmten Eigenschaften, welche exemplarisch für die gesamte Reihe genutzt werden.

3.4.3 Mehrproduktfertigung

Wenn es sich um eine Produktion verschiedener Produkte handelt, müssen Umrüstzeiten der Betriebsmittel, Pufferlager und die Bildung von Produktionslosen beachtet werden. Aufgrund der dafür nötigen Losgrößenplanung wird diese Fließfertigungsart auch losweise Mehrprodukt-Fließfertigung (*multi-model assembly*) genannt.[36] Es besteht grundsätzlich die Möglichkeit für jedes Produktmodell eine eigene ALB durchzuführen. Allerdings sollte hierbei

---

[34] Vgl. (Domschke 1997, S. 190)
[35] Vgl. (Boysen 2006, S. 6)
[36] Vgl. (Domschke 1997, S. 185)

der Gesamtvorgang nicht vernachlässigt werden, da die genaue Abstimmung untereinander einen erheblichen Mehrkostenaufwand an Geldmitteln und auch Arbeitskräften bedeutet.[37] Als Standardproblem lässt sich hier das *Multiproduct Parallel Assembly Lines Balancing Problem* (ALB [mult|pline|m]) nennen, welches auf parallelen Fließbändern und der damit möglichen Verbindung von Stationen benachbarter Bänder basiert. Die Zielvorgabe hierfür ist die Minimierung der Arbeitskräfte.[38]

---

[37] Vgl. (Boysen 2006, S. 7)
[38] Vgl. (Scholl 2008)

4 Zusammenfassung und Ausblick

Seit Henry Fords prägenden Einflüssen auf die Produktionsfertigung im Allgemeinen und die Fließfertigung im Speziellen hat sich bis zum heutigen Tage viel verändert. Die Anforderungen an die Produkte der Hersteller sind gerade in Hinsicht auf individualisierte Erzeugnisse enorm gestiegen. Es werden qualitativ hochwertige Produkte zu immer weiter fallenden Preisen verlangt.[39] Nur noch eine Minderheit der Produkte kann in Einzelfertigung gewinnbringend gefertigt werden.

In dieser enormen Varianten- und Produktvielfalt erfährt die Methodik des *Assembly line balancing* eine immer größere Bedeutung. Denn umso komplizierter sich der Sachverhalt verhält, umso wichtiger werden die wissenschaftlichen Hilfestellungen in Form der Algorithmen werden. Es gilt eine Minimierung aller Kosten unter Berücksichtigung der Designplanung (Raumplanung, Kostenplanung, etc.), also auch der prozessorientierten Sachverhalte (Taktzeiten, Vorrangordnung, Verfügbarkeit, etc.) zu erzielen.

Mit Hilfe der Computertechnik und der stetigen Weiterentwicklung der Algorithmen werden in Zukunft noch weitere Potentiale erschlossen werden können. Auch die weiter erleichterte Nutzung des vorhandenen Wissensschatzes ist aufgrund der zunehmenden Klassifizierung der ALB-Probleme eine weitere sehr positiv zu bewertende Entwicklung. Es soll somit stetig leichter werden, benötigtes Wissen für das spezifische ALBP zu recherchieren und damit auch effektiv anwenden zu können. Somit wäre ein weiterer wichtiger Schritt in Richtung Annäherung zwischen Theorie und Praxis geschaffen.

---

[39] Vgl. (Rekiek 2006, S. 25)

Literaturverzeichnis

Boysen, Nils / Fliedner, Malte / Scholl, Armin. „Assembly line balancing: Which model to use when?" in: Arbeits- und Diskussionspapiere der Wirtschaftswissenschaftlichen Fakultät der Friedrich-Schiller-Universität Jena, 2006.

Buffa, Elwood S. / Sarin, Rakesh K. Modern Production / Operations Management. 8th Edidtion. 1987.

Corsten, Hans. Produktionswirtschaft. 8., durchges. u. verb. Aufl. München, Wien, Oldenbourg, 1999.

Domschke, Wolfgang / Scholl, Armin / Voß, Stefan. Produktionsplanung. 2., überarbeitete und erweiterte Auflage. Berlin, Heidelberg, 1997.

Dürr, Holger / Jacobs, Hans-Jürgen. Entwicklung und Gestaltung von Fertigungsprozessen. Planung und Steuerung der spanenden Teilefertigung. München, Wien, 2002.

Ford, Henry with Crowther, S. Extracts form 'My Life and Work'. Herausgeber: Michael A. / Slack, Nigel Lewis. New York, 2003.

Günther, Hans-Otto / Tempelmeier, Horst. Produktion und Logistik. 5., verb. Auflage. Berlin, Heidelberg, New York, 2003.

Hawranek, Dieter. „Kurze Taktzeiten, weniger Handgriffe - das alte Fließband kehrt zurück." Der Spiegel, Nr. 33 (2008): 76-77.

Pfohl, Hans-Christian. Logistikmanagement. Konzeption und Funktionen. 2., vollständig überarbeitete und erweiterte Auflage. Berlin, Heidelberg, New York, 2004.

Pfohl, Hans-Christian. Logistiksysteme. 7. Auflage. Berlin, Heidelberg, New York, 2004.

Rekiek, Brahim / Delchambre, Alain. Assembly Line Design. The Balancing of Mixed-Model Hybrid Assembly Lines with Genetic Algorithms. London, 2006.

Sabuncuoglu, I. / Erel, E. / Tanyer, M. „Assembly line balancing using the genetic algorithms." in: Journal of Intelligent Manufacturing, 11 2000: S. 295-310.

Scholl, Armin / Boysen, Nils / Fliedner, Malte / Robert Klein. Assembly Line Balancing. 2008. http://www.assembly-line-balancing.de/ (Zugriff am 07. Juni 2008).

Anhang A

Precedence Graph Characteristics		Station and Line Characteristics	
Product specific precedence graphs: $\alpha_1 \in$ {mix,mult,o}		**Movement of workpleces: $\beta_1 \in$ {o$\lambda\upsilon$,unpac$^\lambda$}**	
α_1=mix	Mixed-model production	β_1=o$\lambda\upsilon$	Paced line; with $\lambda \in$ {o,each,prob} and $\upsilon \in$ {o,div}
α_1=mult	Multi-model production		λ=o: (Average) work content restricted by cycle time
α_1= o	Single-model production		λ=each: Each model must fulfill the cycle time
Structure of the precedence graph: $\alpha_2 \in$ {spec,o}			λ=prob: Cycle time is obeyed with a given probability
α_2=spec	Restriction to a special precedence graph structure		υ= o: Single global cycle time
α_2= o	Precedence graph can have any acyclic structure		υ=div: Local cycle times
Processing times: $\alpha_3 \in$ {t^{sto},t^{dy},o}*		β_1=unpac$^\lambda$	Unpaced line; with $\lambda \in$ {o,sync}
α_3=t^{sto}	Stochastic processing times		λ=o: Asynchronous line
α_3=t^{dy}	Dynamic processing times (e.g. learning effects)		λ=syn: Synchronous line
α_3= o	Processing times are static and deterministic	**Line layout: $\beta_2 \in$ {o,u$^\lambda$}**	
Sequence-dependent task time increments: $\alpha_4 \in$ {Δt_{dir}, Δt_{indir},o}*		β_2= o	Serial line
α_4=Δt_{dir}	Caused by direct succession of tasks (e.g. tool change)	β_2= u$^\lambda$	U-shaped line; with $\lambda \in$ {o,n}
α_4=Δt_{indir}	Caused by succession of task (tasks hinder each other)		λ=o: The line forms a single U
α_4= o	Sequence-dependent time increments are not considered		λ=n: Multiple Us forming a n-U line
Assignment restrictions:$\alpha_5 \in$ {link,inc,cum,fix,excl,type,min,max,o}*		**Parallelization: $\beta_3 \in$ {pline$^\lambda$,pstat$^\lambda$,ptask$^\lambda$,pwork$^\lambda$, o}***	
α_5=link	Linked tasks have to be assigned to the same station	β_3=pline$^\lambda$	Parallel lines
α_5=inc	Incompatible tasks cannot be combined at a station	β_3=pstat$^\lambda$	Parallel stations
α_5=cum	Cumulative restriction of task-station-assignment	β_3=ptask$^\lambda$	Parallel tasks
α_5=fix	Fixed tasks can only be assigned to a particular station	β_3=pwork$^\lambda$	Parallel working places within a station
α_5=excl	Tasks may not be assigned to a particular station	β_3= o	Neither type of parallelization is considered
α_5=type	Tasks have to be assigned to a certain type of station	$\lambda \in$ {o,2,3,...}: Maximum level of parallelization; o=unrestricted	
α_5=min	Minimum distances between tasks have to be observed	**Resource assignment: $\beta_4 \in$ {equip,res$^\lambda$, o}***	
α_5=max	Maximum distances between tasks have to be observed	β_4=equip	Equipment selection problem
α_5= o	No assignment restrictions are considered	β_4=res$^\lambda$	Equipment design problem; with $\lambda \in$ {o,01,max}*
Processing alternatives: $\alpha_6 \in$ {pa$^\lambda$,o}			λ=01: If two task share a resource, investment costs are reduced at a station
α_6=pa$^\lambda$	Processing alternatives; with $\lambda \in$ {o,prec,subgraph}		λ=max: Most challenging task defines the needed qualification level of a resource
	λ=o: Processing times and costs are altered		λ=o: Other type of synergy and/or dependency
	λ=prec: Precedence constraints are additionally altered	α_4= o	Processing alternatives are not considered
	λ=subgraph: Subgraphs are additionally altered	**Station dependent time increments: $\beta_5 \in$ {Δt_{unp},o}**	
α_6= o	Processing alternatives are not considered	β_5=Δt_{unp}	Unproductive activities at a station are considered
Objectives		β_5= o	Station-dependent time increments are not regarded
Objectives: $\gamma \in$ {m,c,E,Co,Pr,SSL$^\lambda$,score,o}*		**Additional configuration aspects $\beta_6 \in$ {buffer,feeder,mat,change,o}***	
γ=m	Minimize the number of stations m	β_6=buffer	Buffers have to be allocated and dimensioned
γ=c	Minimize cycle time c	β_6=feeder	Feeder lines are to be balanced simultaneously
γ=E	Maximize line efficiency E	β_6=mat	Material boxes need to be positioned and dimensioned
γ=Co	Cost minimization	β_6=change	Machines for position changes of workpieces required
γ=Pr	Profit maximization	β_6= o	No additional aspects of line configuration are regarded
γ=SSL$^\lambda$	Station times are to be smoothed; with $\lambda \in$ {stat,line}		
	λ=stat: Within a station (horizontal balancing)		
	λ=line: Between stations (vertical balancing)		
γ=score	Minimize or maximize some composite score		
γ= o	Only feasible solutions are searched for		

Tabelle 2: Das Klassifikationsschema nach Boysen et al.[40]

---

[40] (Boysen 2006, S. 4)

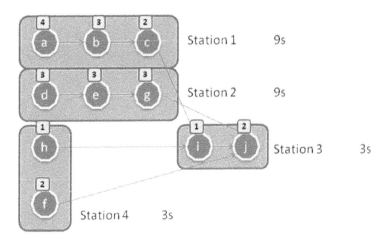

Abbildung 3: Trial&Error-Lösungsvorschlag 1

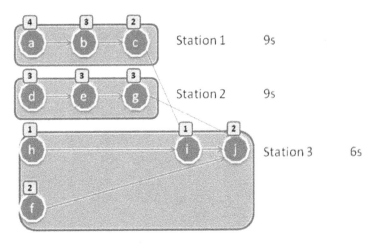

Abbildung 4: Trial&Error-Lösungsvorschlag 2